Think of life as a box filled with surprises. Every day we would receive one.

One day we receive a blue box with yellow dots, and on another day, a pink box with green stripes. Yet, we still would not know what is inside.

Only our creator knows.

We need to trust in Him and be prepared to open every surprise called the new day, believing that in all of them, He, our creator God, is already there, waiting for us.

In days of surprise we have to **trust**.

Pense na vida como uma caixinha de surpresas, que a cada dia vamos receber uma.

Um dia recebemos uma caixinha azul de bolinhas amarelas, já o próximo dia recebemos uma caixinha rosa de listras verdes. Nunca saberemos o que está dentro da caixa.

Somente nosso Deus criador sabe.

Por isso temos confiar nele e estar preparados para abrir cada caixinha de surpresa chamada novo dia, acreditando que em todos eles o nosso Deus criador já está lá nos esperando.

Em dias de surpresa temos que **confiar**.

We must believe in good things and fight for them.

Be in a soldier formation next to the ones we love and always help them when they make mistakes. It is our mission to give second chances to those who regret of their mistakes. Sometimes they don't realize they make mistakes, and in this case we have to try to help them recognize their mistakes.

Oh and be aware because many of the times these people who we love, will not be able to see they are wrong.

In this case, ask the Holy Spirit to speak with them. We always have to fight as Christian soldiers to help those we love.

In not so good days, we still have to **fight**.

Nós temos que acreditar em coisas boas e lutar por elas. Estar em posição de soldado ao lado daqueles que amamos e sempre ajudar aos que cometem erros. É nossa missão dar segunda chance aos que se arrependem de seus erros. Algumas vezes eles não percebem que erraram, neste caso temos que ajudá-los a reconhecer seus erros.

Oh, esteja atento porque muitas vezes estas pessoas que amamos não conseguirão ver que estão errados. Neste caso, peça ao Espírito Santo para falar com eles. Sempre temos que lutar como soldados de Cristo para ajudar aqueles que amamos.

Em dias que não são tão bons, ainda temos que **lutar**.

There is a right time and place for everything.

The time is to understand and enjoy. Time to respect and learn from those who have more experience than us.

Just like the four seasons, there are seasons of cold, of warmth, of growth, and of drought.

We have to learn that there is a time for every situation.

There are times:

To smile

To awaken

To eat, even the vegetables

To go to school

To do homework,

To play

To rest

To pray

To listen

To speak

While respecting your elders, expose your ideas and feelings. All in its own **place** and **time**.

Há tempo e momento para tudo.

Temos que entender e desfrutar. Tempo de respeitar e aprender com aqueles que têm mais experiência que nós.

Assim como as quatro estações, que são tempos de frio, de calor, de crescimento, e de seca.

Temos que aprender que há tempo para cada situação .

Há momentos:

De sorrir

De despertar

De comer, até os vegetais

De ir à escola

De fazer deveres de casa

De brincar

De descansar

De orar

De ouvir

De falar

Com respeito aos mais velhos, exponha suas idéias e seus sentimentos. Tudo em seu lugar e em seu **tempo**.

Some days are for reflection.

We need to stop, take a deep breath and count. To 10, or even 50.

And if counting does not work, we have to wait.

Days like those, are like days of storm. There's no other place to go, we must wait.

Meanwhile, we could do something that makes us feel good: eating, reading, watching TV, or just looking out the window and admiring God's creations.

Everything that God does for us is good, even if it doesn't look good at the moment, we will end up understanding it another day.

Days of a storm are a day to **reflect**.

Alguns dias são dias de reflexão.

Temos que parar, respirar fundo, contar até 10 ou até 50.

E se não resolver, temos que esperar.

Dias como estes são como dias de tempestade. Não dá para ir a nenhum lugar, temos que esperar.

Enquanto isso podemos fazer algo que nos faça sentir bem: comer, ler, assistir, jogar ou simplesmente olhar pela janela e admirar as criações de Deus.

Tudo o que Deus faz é bom mesmo que não pareça no momento, mas vamos acabar percebendo o porquê em outro dia.

Dias de chuva são dias de **refletir**.

We should enjoy the happy days. On days that aren't so happy, we must have hope.

Comparing the days with the weather, we could say that happy days are sunny days. And the not so happy days are as the gray rainy days.

We have to be strong, and trust in God and our family.

But in days like those, we have to be strong, and count on with the help of our family, and face those not so happy days.

When waiting for the rain to pass, but it does not. The rain lightens, and even with the sun, the drizzling continues. So, tired of waiting, we decide to go out and play anyways.

On happy days or not, we are sure that our God is with us.

On those days, we have to be **strong.**

Devemos aproveitar os dias alegres. E em dias não tão alegres, que tenhamos esperança.

Comparando os dias com o clima podemos dizer que os dias alegres são dias ensolarados e dias não tão alegres são como dias cinza de chuva.

Mas em dias assim, temos que ser fortes, contar com a ajuda da família, e enfrentar esses dias não tão alegres.

Quando se espera a chuva passar e ela não passa. A chuva fina, e mesmo com o sol, continua o chuvisco. Então, cansados de esperar, decidimos sair a brincar assim mesmo.

Dias alegres ou não, temos a certeza que nosso Deus está conosco.

Nesses dias temos que ser **fortes**.

When we meet new friends, or in the first week of school, we feel timid, shy, or scared and wanting to give up, but we have keep on trying until we lose fear or shyness.

Never give up. Always follow through. Know that the end is always better than the beginning.

In days of fear and shyness, we must **persist**.

Quando conhecemos novos amigos, ou na primeira semana de um novo ano escolar ficamos muito tímidos, envergonhados ou com medo e queremos desistir, mas temos que continuar e continuar até perder o medo ou timidez.

Nunca desistir, sempre ir em frente. Saiba que o final é sempre melhor que o começo.

Dias de medo ou timidez devemos **persistir**.

We should not be sad because of the things we don't have, but be grateful for all of the things God has already given to us.

We should not be sad because of the things we do not understand.

Everything has its purpose.

We have to be thankful:

For the family

For the food

For the friends

For the toys

For our clothes

For our school

When you wake up and before you go to bed, remember that there are a lot of people that do not have all that you have.

So, be **thankful**.

Não devemos estar tristes pelo que não possuímos, mas sim agradecidos pelo que Deus já nos deu.

Não devemos estar tristes pelas coisas que não entendemos.

Tudo que acontece tem seu propósito.

Temos que ser agradecidos:

Pela família

Pelos comida

Pelos amigos

Pelos brinquedos

Pela nossas roupas

Pela nossa escola

No começo e no final de cada dia lembre-se sempre que várias pessoas não têm o que temos.

Então, seja **agradecido**.

Dedicated to

Dedicado para

      Francisco Cardoso (Chico da Viola)

And my four sunflowers

E os meus quatros girasóis

      Jullyen, Maycon, Lucas, & Sofia

Thanks to my pastors

Agradecimentos aos meus pastores

      Fernando e Cartiane Oliveira

About the author

Monica Septimio, Brazilian, mother, hairdresser, painter, theology seminarian at the Christian Preaching College in Framingham, Mass. Currently volunteering at the children's ministry in her local church, Catedral de Adoração in Waltham, where she lives with her family. Before coming to USA she attended two years of philosophy at the Faculty of Philosophy of Maranhão, in Rondon do Para, PA, Brazil. She is currently tracing her career to use her paintings at as a therapy method. She is also the writer of Nothing is Impossible.

Contact the author

monicaseptimio.com

monica@monicaseptimio.com

Sobre a autora

Monica Septimio, Brasileira, mãe, cabeleireira, pintora, seminarista de teologia na Chistian Preaching College em Framingham, Massachussets. Atualmente voluntária no ministério infantil em sua igreja local, Catedral de Adoração em Waltham, onde vive com sua família. Antes de vir a USA cursou dois anos de filosofia na Faculdade de filosofia do Maranhão, em Rondon do Pará, Pará, Brasil. Ela agora está traçando sua carreira para suas pintuaras como método de terapia. Ela também é a escritora de Nada é Impossível.

Contate a aurora

monicaseptimio.com

monica@monicaseptimio.com

Copyright © 2017 Monica Septimio

Editors
Caroline Septimio
Lucas Cordoba
Jullyen Matos

Translation
Sofia Cordoba

Illustration
Oil Painting, Monica Septimio

All rights reserved.

No part of this book may be reproduced in any manner without the written consent of the publisher except for brief excerpts in critical reviews or articles.

ISBN 13: 978-1-61244-602-8

Printed in the United States of America

Halo Publishing International
1100 NW Loop 410
Suite 700 - 176
San Antonio, Texas 78213
Toll Free 1-877-705-9647
www.halopublishing.com
e-mail: contact@halopublishing.com

www.ingramcontent.com/pod-product-compliance
Lightning Source LLC
Chambersburg PA
CBHW041438040426
42453CB00021B/2455